見るだけで運が上がる

魔法の言葉 不思議な写真

本田健 × 宮澤正明

水野書店

見るだけで運が上がる
魔法の言葉　不思議な写真

まえがき　本田健 …………… 004

幸せを呼び込む「運」のつけ方 ……… 007

幸せと運を呼び込む人間関係 ………… 039

● STAFF ●
統括プロデュース　　　水野俊哉
制作プロデュース　　　平田静子（ヒラタワークス）
カバー・本文デザイン　山岡茂／柏幸江（スタジオギブ）
編集　　　　　　　　　川田修

● お断り
下記の本田健著作より、一部本文を引用させていただきました。
『読むだけで心がラクになる22の言葉』（フォレスト出版）
『強運を味方につける49の言葉』（PHP文庫）

心を楽にする ……………… 083

「幸せな成功」を導く言葉 ……… 105

あとがき　宮澤正明 ……………… 140

写真の癒しのエネルギーを楽しんください。

　このフォトブックを手に取ってくださって、ありがとうございます。
　あなたは、本屋さんでパラパラ見ているうちに、いいなぁと思って、いま見ていただいているのでしょうか。それとも、友人にプレゼントされたのかもしれません。
　いずれにしても、あなたの手元にこのフォトブックが来たのは偶然ではありません。きっと、ベストなタイミングだったのではないかなと想像します。ページをめくるたびに、心がワクワクしたり、楽しくなったり、神聖な気分になることでしょう。

　私は、雄大な自然の写真には、人を癒す力があると思っています。実際にパワースポットに行って、全身で受け取るほどではなくても、十分に癒しの効果があると思います。
　写真をパラパラ見ることで、またじっと見ることで、その風景が持っているエネルギーが皆さんの心にも、染み込んでくるのではないでしょうか。ぜひ、イメージの中で、写真の景色の中に飛び込んでください。きっと、気分がリフレッシュすることでしょう。

私のオフィスの玄関には、宮澤さんのレッドドラゴンの大きな写真を飾っていますが、訪れる方の多くは、じっと写真を見て、しばらく動かなくなります。「写真を見ていると、外からの邪気を落として、神聖な気分になれる」と、お客様が言ってくださることが多いのですが、私もそう思います。

　共著者の宮澤さんは、日本を代表する写真家で、商業写真から伊勢神宮の写真まで、大変幅広い分野で活躍されています。長年、伊勢神宮の撮影をしてきた信頼関係のおかげで、写真の使用を許された数少ないフォトグラファーでもあります。

　この写真集にある風景には、すべてある種の癒しのエネルギーがこもっていると感じます。その写真に言葉を載せるのは、勇気のいることでしたが、インスピレーションで、それぞれに合った言葉を選びました。

　一日の始めに、あるいは終わりにこのフォトブックをパラパラ見てください。きっと、静かにワクワクするエネルギーで、満たされることでしょう。

　気分が落ち込んだ時、イライラした時にも、見てください。あなたのお守りとして使っていただけたらと思います。写真と言葉のコンビネーションが、あなたの気持ちを明るくさせたり、楽しくさせたり、ホッとさせることができたら、制作者として望外の喜びです。

2019年6月　**本田 健**

幸せを呼び込む
「運」のつけ方

チャンスが来たと思ったら、

008 — 009 ｜ 幸せを呼び込む「運」のつけ方

これから、
全てが始まる。

010―011 ｜ 幸せを呼び込む「運」のつけ方

012―013 幸せを呼び込む「運」のつけ方

神秘の力を受け取る。

014
—
015

幸せを呼び込む「運」のつけ方

全ては変化していく。
あなたの意志とは
関係なく。

光に向かって進もう。

あなたなりの咲き方は、
咲いてみないとわからない。

幸せを呼び込む「運」のつけ方

チャンスに
出会わなかった人は、
一人もいない。

022―023 ｜ 幸せを呼び込む「運」のつけ方

高く、高く飛ぼう。

誰かと繋がったとき、
幸せはやってくる。

024―025 | 幸せを呼び込む「運」のつけ方

自分だけの秘密の
パワースポットを
持とう。

枯れたように見えても、
まだまだ根は
深く張っている。

変な席を
用意されても、
諦めない。

030
—
031

幸せを呼び込む「運」のつけ方

032
—
033

幸せを呼び込む「運」のつけ方

あなたの道は

用意されている。

何かを
捨てれば、
運は開く。

神聖な場所で、
感謝の瞑想をする。

幸せと運を
呼び込む人間関係

幸せにした人の数が
多い人ほど、運はよくなる。

040
—
041

幸せと運を呼び込む人間関係

「運のおすそ分け」を
心がける。

042
—
043

幸せと運を呼び込む人間関係

誰かがちゃんと
見守ってくれている。

046
—
047

幸せと運を呼び込む人間関係

「ご馳走する」だけで、
運はよくなる。

楽しいプレゼントは、
波紋を広げながら、
みんなを幸せにする。

048
—
049

幸せと運を呼び込む人間関係

愛を表現する人に、
　　運の女神は
　　　　微笑む。

050
—
051

幸せと運を呼び込む人間関係

052
―
053

幸せと運を呼び込む人間関係

「優しい言葉」は、
運を運んでくれる。

054 — 055 ｜ 幸せと運を呼び込む人間関係

あなたの本質は、
自然に映りこむ。

男性、女性、
両方いるから面白い。

056
—
057

幸せと運を呼び込む人間関係

「一生懸命に
頑張る人」に、
運の女神は微笑む。

060
—
061

幸せと運を呼び込む人間関係

ワクワクの空気を
作れる人は、
運を引き寄せる。

この一瞬の
チャンスを掴む。

062
—
063

幸せと運を呼び込む人間関係

064 — 065 ｜ 幸せと運を呼び込む人間関係

いつも穏やかに
笑っている人は、
人からも運からも愛される。

はじけちゃおう。

大きな視点から
見てみる。

068
—
069

幸せと運を呼び込む人間関係

070 ―071 　幸せと運を呼び込む人間関係

強運を呼び込んで、
飛び立つ。

072
—
073

幸せと運を呼び込む人間関係

まっすぐ生きよ。

人のために
祈れる人には、
運がやってくる。

076
—
077

幸せと運を呼び込む人間関係

あるがままで
全てが完璧。

自分にも相手にも
花をもたせよう。

080
―
081

幸せと運を呼び込む人間関係

「ありがとう」を
たくさん集めた人が、
成功する。

心を楽にする

084
—
085

心を楽にする

1つのドアが
閉まれば、
別のドアが開く。

086
—
087

心を楽にする

冬は、
冬の時代を
楽しむ。

不幸の中に幸せがあり、
幸せの中に不幸がある。

090
―
091

心を楽にする

苦しいときは、
誰かに助けてもらう
チャンス。

092
—
093

心を楽にする

あなたに
苦痛をもたらすのは、
あなたの思いだけ。

不運が続くときは、
運の充電期間。

096―097 心を楽にする

雨は、
一人だけに降り注ぐ
わけではない。

098 — 099 ｜ 心を楽にする

疲れたら、
漂うのもアリ。

孤独を楽しむ。

100
―
101

心を楽にする

ハッピーエンドは
自分でつくり出すもの。

「幸せな成功」を導く言葉

今の幸せを
数えよう。

108
—
109

「幸せな成功」を導く言葉

自分の「大好き」で勝負する。

出逢うべき人には
必ず出逢える。

110―111 「幸せな成功」を導く言葉

視点を上げれば、
見えなかった
世界が見えてくる。

114 — 115 ｜「幸せな成功」を導く言葉

好きな歌を歌おう。

決めれば、
あなたの未来は
輝き始める。

直感は「英知」。
自分を幸せに導く、
ナビゲーションシステム。

人生には、
いろんな色と
生き方が
あっていい。

122―123 「幸せな成功」を導く言葉

日常の中に奇跡を見る。

全てを自然にゆだねる。

世界は、あなたの
才能が花開くのを
ずっと心待ちにしている。

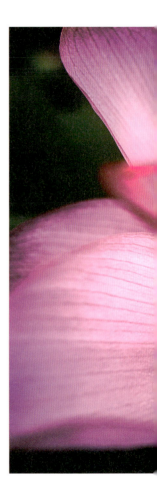

一度できた絆は
切れない。

128―129　「幸せな成功」を導く言葉

自分に
与えられた命を
使い切る。

130―131 「幸せな成功」を導く言葉

最高の未来に自分を
引っ張ってもらう。

大空に飛び立とう。

最高の未来を
確信する。

136
—
137

「幸せな成功」を導く言葉

あなたの夢は、
必ず実現する。

思いは叶う！

　いかがでしたか？最終ページを閉じた後の今の皆さまの気持ちは……。
『魔法の言葉 不思議な写真』
　写真と言葉が織りなすハーモニーを感じ、明るく前向きな気持ちに少しでも導けたら作者の1人として大変嬉しいです。

　本田健さんとの出会いは十数年前、私の代表作で富士山に赤い雲龍が立ち昇る「レッドドラゴン」の名付け親でもある企業鑑定師の先生からのご縁で知り合いました。
　それ以来、事あるごとに著作物やセミナーのご案内をいただき、写真家以前に人としてどう生きるかを学びました。
　日頃のお礼に私の写真集を手土産にオフィスに伺った際、玄関に飾られた「レッドドラゴン」が目に飛び込んで来た時は、本当に嬉しい驚きでした。
　素敵なオフィスや近所の小洒落たフレンチレストランでのランチで、気さくにいろいろな体験談やこれからの思いを談笑したあのひとときは忘れられない思い出です。
『いつか、この人と一緒に何かしたい！』
という思いは、その日確実に芽生えました。

　思いは、思い続け自らが行動すれば必ず叶う。

沢山ある本田さんの教訓の中から得たひとつです。

　そして、この度ついに念願だった本田健さんとの初のコラボフォトブックが完成した訳です。

　今回の使用写真は、正式記録写真家を務めた伊勢神宮や出雲大社・春日大社をはじめ数多くの神社仏閣。また伊勢神宮と日本の森をテーマにしたドキュメンタリー映画「うみやまあひだ」を初監督した際に撮影した日本各地の山、森、海などの絶景や30年来世界中を旅して撮影した作品から厳選しました。

　この本を手に取っていただいた全ての方々の幸福を心より願い、私のあとがきとさせていただきます。

　最後になりましたが、このフォトブックの出版を即決していただいた水野書店代表の水野俊哉さん、きめ細かい編集統括をしていただいた川田修さん、出版社と著者とを取りまとめいただいた出版プロデューサーの平田静子さん、本の装丁デザインを根気よく作業いただいたアートディレクターの山岡茂さんとスタジオギブのスタッフの方々、本当にありがとうございました。この場を借りて感謝申し上げます。

　そして、そして本田健さん、一番幸せなのは私かもしれません。ありがとうございました。これからも宜しくお願い致します！

2019年6月　**宮澤　正明**

本田 健　ほんだ・けん

神戸生まれ。
経営コンサルタント、投資家を経て、29歳で育児セミリタイヤ生活に入る。4年の育児生活中に作家になるビジョンを得て、執筆活動をスタートする。

「お金と幸せ」「ライフワーク」「ワクワクする生き方」をテーマにした1000人規模の講演会、セミナーを全国で開催。そのユーモアあふれるセミナーには、世界中から受講生が駆けつけている。大人気のインターネットラジオ「本田健の人生相談〜 Dear Ken 〜」は4000万ダウンロードを記録。世界的なベストセラー作家とジョイントセミナーを企画、八ヶ岳で研修センターを運営するなど、自分がワクワクすることを常に追いかけている。

2014年からは、世界を舞台に講演、英語での本の執筆をスタートさせている。
著書は、『ユダヤ人大富豪の教え』『20代にしておきたい17のこと』（大和書房）、『大富豪からの手紙』（ダイヤモンド社）、『きっと、よくなる！』（サンマーク出版）、『大好きなことをやって生きよう！』（フォレスト出版）など130冊以上、累計発行部数は700万部を突破している。

2019年6月にはアメリカの出版社 Simon & Schuster 社から、初の英語での書き下ろしの著作『Happy Money』をアメリカ・イギリス・オーストラリアで同時刊行。また同作はヨーロッパ、アジア、中南米など、世界25ヵ国以上の国で発売されることが決まっている。

本田 健 公式 HP
http://www.aiueoffice.com/

本田健　英語・中国語 HP
http://www.kenhonda.tokyo

本田健公式 LINE
https://line.me/R/ti/p/%40mpx2126g

宮澤正明　みやざわ・まさあき

写真家。1960 年東京生まれ。
日本大学芸術学部写真学科卒業。卒業時に日本大学芸術学会奨励賞。85 年に赤外線フィルムを使用した処女作「夢十夜」でニューヨーク ICP インフィニティアワード新人賞。2014 年伊勢市観光ポスターにて日本観光ポスターコンクール総務大臣賞。

近年特に神社仏閣にも関わりが深く、2005 年伊勢神宮第 62 回式年遷宮の正式記録写真家として活動を開始、2013 年 10 月に行われた遷御の儀までの間に 6 万点に及ぶ作品を奉納し、写真集も数多く出版する。その他出雲大社大遷宮、阿修羅像で有名な奈良興福寺、春日大社第 60 回式年造替など全国の神社仏閣を 50 社寺以上撮影。
また映像作家として、伊勢神宮の森をテーマにしたドキュメンタリー映画『うみやまあひだ〜伊勢神宮の森から響くメッセージ〜』を初監督。海外の映画祭に数多くノミネートされ 2015 年マドリード国際映画祭にて外国語ドキュメンタリー部門最優秀作品賞他の 2 冠に輝く。

これを機に講演会やトークショーなどの活動が増える。
その他広告、CF、エディトリアル、ファッションの分野でも幅広く活動し、人物写真では伊集院静、ドナルド・キーン、市川海老蔵、阿川佐和子、菅野美穂など時代を代表する人々を撮り写真集は 150 冊を超える。
1984 年銀座ニコンサロンでの写真展「夢十夜」から 2015 年富山市ガラス美術館での写真展「森神心」まで国内外で数多くの展覧会を開催している。

宮澤正明オフィシャルサイト
https://masaakimiyazawa.jp/

宮澤正明オンライン写真販売サイト
https://masaaki-miyazawa.com/

見るだけで運が上がる
魔法の言葉　不思議な写真

2019年12月9日　初版第1刷発行

著者	**本田健／宮澤正明**
発行者	**万石久志**
プロデュース	**水野俊哉**
発行	**サンライズパブリッシング株式会社** 〒150－0043 東京都渋谷区道玄坂1－12－1　渋谷マークシティW 22階 Tel：03－4360－5535
発売	**星雲社** 〒112－0005 東京都文京区水道1－3－30 Tel：03－3868－3275
印刷・製本	**株式会社シナノ**

© Ken Honda/ Masaaki Miyazawa 2019
ISBN: 978－4－434－26977－6
C0030

本書の内容の一部、または全部を無断で複写・複製することは、法律で認められた場合を除き、著作権の侵害となります。
落丁・乱丁本は小社までお送りください。小社送料負担でお取り替えいたします。
定価はカバーに記載されています。